로마서

내 안의 복음 발전소

이대희 지음 | 바이블미션 편

엔크리스토
ENCHRISTO

인생의 기초를 성경으로 다져라

십대는 두 번 다시 돌아갈 수 없는 인생에서 귀한 시기입니다.
앞으로 인생을 살아가는 데 있어 기초를 다지는 시기로, 십대를 어떻게
보내느냐에 따라 인생이 달라집니다.

우리가 사는 세상에는 십대를 유혹하는 잘못된 문화와 가치관들이
너무 많습니다.
세상에 물들지 않고 성경적 가치관과 하나님의 나라를 꿈꾸며 살아갈
수 있는가 하는 것은 모든 십대뿐 아니라 십대를 지도하는 부모와 교사
들이 갖는 중요한 관심사입니다.

십대들을 영원히 지켜줄 수 있는 것은 오직 말씀입니다.
이 시기에 하나님의 말씀으로 얼마나 무장하느냐에 따라 미래의 삶이
결정됩니다.
성경으로 인생의 기초를 다지는 일은 그 어떤 일보다 중요한 일입니다.

〈틴~꿈 십대성경공부〉 시리즈는 성경 자체를 배우면서 십대의 삶을

가꾸는 내용으로 구성되었습니다. 일차적으로 성경개관을 통해 성경 전체의 맥을 잡고, 그 다음으로 구약성경책과 신약성경책을 통해 십대에 관계된 성경의 각 권을 선택하여 공부하도록 했습니다.

자매 시리즈인 〈아름다운 십대성경공부〉 시리즈와 함께 연결하여 사용하면 균형 있는 교과과정이 됩니다.

아무쪼록 이 성경공부 교재를 통해 성경적 비전을 품고 말씀과 일치를 이루는 하나님의 사람으로 자라나길 기도합니다.

오직 주님께 영광을…….

이대희

틴~꿈 십대성경공부 시리즈 교재의 특성

1_ 십대들이 꼭 알아야 할 핵심내용과 성경적인 가치관과 세계관을 정립하는 성경공부입니다.

2_ 귀납적 형태를 띤 이야기대화식으로 탐구능력을 키우고 생각을 점차 열리게 하는 흥미로운 성경공부입니다.

3_ 자유로운 토의와 열린 대화를 활발하게 하는 소그룹에 적합한 성경공부입니다.

4_ 영적 사고력과 해석력, 분별력을 키우면서 스스로 적용능력을 점차 극대화시켜 주는 성경공부입니다.

5_ 본문 중심 성경공부로, 성경이야기 속으로 빠져들어 말씀의 성육신을 경험하는 성경공부입니다.

6_ 흥미와 재미를 유도하는 주제로 구성되어 있고, 모두가 쉽게 참여하면서 영적 깊이와 변화를 체험하게 하는 전인적인 성경공부입니다.

7_ 성경공부를 통하여 자연스럽게 학과공부와 전인교육에 필요한 논술력, 사고력, 상상력, 창의력, 응용력을 함께 계발시키는 성경공부입니다.

8_ 분반공부와 제자훈련 등 시간(30분, 1시간, 1시간 30분)을 탄력적으로 운영하며 사용할 수 있는 성경공부입니다.

9_ 15년 동안 준비하고 실험한 성경공부 사역 전문가에 의해 검증된 효과적인 공부 방법과 총체적이며 전인적인 교과과정이 체계적으로 구성된 신뢰할 만한 성경공부입니다.

틴~꿈 십대성경공부 시리즈 전체 양육과정표

〈틴~꿈 십대성경공부 시리즈〉는 1년 단위로 5권씩 3년 동안 성경 전체의 내용을 핵심적으로 다루도록 구성되었습니다. 1년차는 성경 파노라마를 통해 성경의 맥과 개관을 다룹니다. 그리고 구약책과 신약책 중에서 십대에 맞는 책을 선택하여 집중적으로 유형별로 균형 있게 공부하도록 했습니다. 십대 시기에 성경의 맛을 직접 느끼게 함으로써, 앞으로의 삶 속에서 성경을 계속 배우고 실천하는 데 도움을 주는 방향으로 내용을 구성했습니다. 십대를 마칠 때는 적어도 성경의 중요한 맥과 뼈대를 잡고, 성경의 내용을 각 권별로 조금씩이라도 살아 있는 말씀으로 경험한다면 평생 동안 말씀과 함께 사는 데 큰 도움이 될 것입니다.

	성경개관 시리즈	구약책 시리즈	신약책 시리즈
1권	**성경파노라마 - 구약1** 성경, 한눈에 쏘옥~	**창세기** 인생의 뿌리, 꽉- 잡아라	**누가복음** 최고의 멘토, 예수님을 만나라
2권	**성경파노라마 - 구약2** 성경, 한눈에 쏘옥~	**에스더** 영적 거인, 빼- 닮아라	**로마서** 내 안의 복음 발전소
3권	**성경파노라마 - 구약3** 성경, 한눈에 쏘옥~	**다니엘** 나는 바이블 영재!	**사도행전** 글로벌 증인이 되어라
4권	**성경파노라마 - 신약1** 성경, 한눈에 쏘옥~	**잠언** 지혜가 최고야!	**빌립보서** 기쁨을 클릭하라
5권	**성경파노라마 - 신약2** 성경, 한눈에 쏘옥~	**전도서** 인생이 보인다!	**요한계시록** 인생승리, 폴더를 열어라

● 각 과는 10과 내외로 구성되어 있으며, 3년 과정으로 중고등부가 모두 사용할 수 있습니다. 각 교회 상황에 따라 순서에 상관없이 책을 자유롭게 선택하여 사용 가능합니다. 과정을 계속 이어가기를 원하면 〈아름다운 십대성경공부 시리즈〉(3년차)와 연관하여 사용할 수 있습니다.

틴~꿈 십대성경공부 교재의 구성

본 교재는 다음과 같은 단계로 구성되었습니다. 전체 단계를 잘 이해하고 활용하면 성경공부에 훨씬 효과적입니다.

■ 열린 마음

마음을 여는 단계입니다. 성경공부는 마음을 먼저 열지 않으면 말씀이 들어오지 않게 됩니다. 질문에 편안하게 답하도록 하되 무리하게 답을 끌어낼 필요는 없습니다. 질문을 통해 마음을 집중하는 데 그 의미가 있습니다.

■ 말씀 먹기

말씀 속으로 들어가는 단계입니다. 공부를 할 때, 본문을 먼저 읽고 나서 질문을 통하여 말씀 속으로 함께 들어가는 데 목표를 둡니다. 가능하면 본문을 지식적으로 이해하기보다는 전인적으로 이해하는 접근 방식이 필요합니다. 성경을 이야기 식으로, 글자가 아닌 사건으로 보도록 합니다. 그리고 생명의 말씀을 먹는다는 자세로 의미를 생각하며 질문에 대한 답을 해야 합니다. 그렇게 하면 점차 성경 속으로 들어가는 것을 경험할 것입니다.

일반 학교공부보다 차원이 높습니다. 이것을 터득하면 일반 공부는 쉽습니다(주제별로 구절을 공부하는 방식보다 본문을 통하여 성경지문을 공부하면, 전체 문맥을 이해하는 능력과 아울러 논술 · 논리 · 구술 · 토론 능력이 자동적으로 해결됩니다).

■ 되새김

되새김은 소가 먹은 음식을 다시 되씹는 과정과 같습니다. 말씀을 지식적으로 이해하는 것을 넘어 그 의미를 곱씹는 것입니다. 도움말을 통하여, 이미 알고 있던 말씀의 의미를 다시 한 번 깊게 생각하는 단계입니다. 처음에는 도움말 없이 질문에 대한 답을 스스로 찾아내도록 합니다. 단순히 단어나 구절을 외우는 것이 아닌, 의미를 곱씹어 생각하는 것이 중요합니다.

■ 생각해 보기

본문에서 특별히 생각해야 할 중심 주제를 생각해 보는 단계입니다. 즉, 머리에서 가슴으로 이르게 하는 단계입니다. 말씀을 실천으로 옮기기 위해서는 말씀을 깨닫는 일이 선행되어야 합니다. 가슴으로 깨닫는 것만이 실천에 이르게 됩니다. 이 단계에서 서로 의견을 나누고 토론을 하면 좋습니다. 한 사람의 일방적인 설명보다는 각자의 생각을 자유롭게 나눌 수 있도록 소그룹을 활성화합니다.

■ 삶의 적용

'되새김'과 '생각해 보기'를 통해서 얻어진 말씀을 내 삶에 적용하는 단계입니다. 단어나 구절을 그대로 실천하는 것은 율법적인 적용이 될 수 있습니다. 의미를 이해하고 그것을 내 삶에 알맞게 응용하면서 적용하는 것이 바람직합니다.

■ 실천 메시지

본문에서 생각할 수 있는 내용을 정리했습니다. 내용을 읽고 나서 자기의 생각을 나누어도 좋습니다. 실천 메시지를 통해서 한 가지라도 분명한 메시지를 가슴에 품고 적용하며 실천하는 시간입니다.

■ 로마서 여행 지도 ■

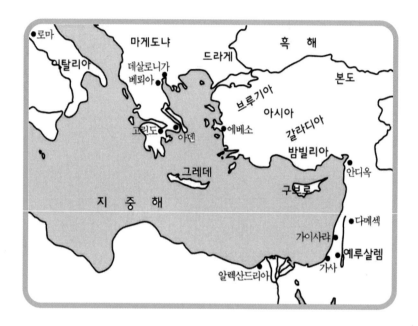

차례

내 안의 복음 발전소

우리의 신앙의 뿌리를 세우는 데 로마서 만한 책이 없습니다. 로마서는 복음 이야기입니다. 복음이 무엇이며 어떻게 복음을 우리 안에 들어오게 하는가 하는 방법이 소개되었습니다. 복음이신 예수 그리스도를 만나는 방법을 로마서 공부를 통해서 배울 수 있습니다.

로마서를 마음에 담으면 그것은 곧 복음 발전소를 가지는 것과 같습니다. 앞으로 신앙생활을 할 때 로마서는 계속적인 힘을 제공해 주는 원동력이 됩니다. 로마서를 통하여 복음의 핵심을 분명하게 마음에 담을 수 있습니다.

로마서를 받은 로마교회가 있는 당시 로마는 모든 방면에서 세계 중심지였습니다("모든 길은 로마로 통한다"). 로마는 큰 건물이 많았고 상수도 시설이 발달했고 대극장과 시장이 완비되어 있었습니다. 모든 도로는 로마로 집중되었고 그리스 문명이 도입되어 문화가 발달했습니다. 로마법은 곧 세계의 법이었습니다. 로마에는 로마인보다 이방인이 더욱 많았습니다. 수많은 노예들이 로마에 끌려왔습니다. 상인들과 이민으로 인해 인구 백만을 초과하였습니다.

로마서를 기록할 당시인 주후 57-8년 경에는 네로가 지배하고 있었습니다. 로마에는 이미 유대인 개종자들이 많았습니다. 수많은 유대인

포로들도 있었습니다 . 유대인들이 있는 곳에는 반드시 회당이 있고 회당은 복음 전도 장소로 아주 좋은 곳이었습니다. 로마에는 다신론이 성행하였고 그런 이유로 이방인의 종교에 관대했습니다. 그것은 유대인들이 로마에서 번성하는 데 좋은 환경이 되었습니다. 물론 로마교회에는 이방인 신자들도 있었다고 볼 수 있습니다. 로마서를 읽을 정도로 로마 교인들의 수준은 상당히 높아져 있었다고 할 수 있습니다.

로마서를 기록한 장소는 고린도라는 의견이 지배적입니다. 16장에 나오는 뵈뵈는 고린도 겐그리아의 여집사입니다. 성도들은 가이오의 집에 모였으며 그는 고린도에서 바울이 세례를 준 사람입니다. 로마서는 3차 선교 여행의 마지막 정착지인 고린도에 머문 석 달 동안 기록한 것으로, 이후에 예루살렘으로 가서 포로의 신분으로 나중에 로마에 가게 됩니다. (행 20장:고린도 - 빌립보 - 드로나 - 예루살렘의 여정을 기록함.)

로마서를 쓴 저자는 바울입니다. 바울이 로마 전도를 위해 예비적으로 기록하여 보낸 서신입니다. 로마 교인들의 믿음을 보다 굳게 하고 믿음으로 의롭게 되는 복음의 핵심을 특별히 강조하고 있습니다.

로마서는 갈라디아서와 같이 교리서신에 속합니다. 로마서가 취급하는 핵심 내용은 행위가 아닌 '오직 믿음으로 의롭게 된다' 는 것입니다. 즉 모든 그리스도인은 믿음으로 구원을 받는다는 내용을 담고 있습니다. 기독교의 핵심 내용을 논리적으로 진술하고 있습니다.

로마서를 계속 반복하여 공부하면서 우리의 신앙의 기초를 바르게 정립해야 합니다. 당시 유대교는 신앙의 정립이 잘못된 이유로 하나님을 믿으면서도 예수님을 죽이는 잘못을 범했습니다. 그들은 복음을 이해하지 못하고 율법에 갇혀서 구약에 머무는 신앙이 되고 말았습니다. 오늘날 우리도 복음을 올바로 이해하지 못하면 유대인이 범했던 율법주의자와 같은 잘못된 신앙인이 될 수 있습니다. 어떻게 믿음을 갖는 것이 참된 것인지 로마서를 통해 우리는 바르게 배울 수 있습니다.

십대의 시기는 신앙의 기초를 다지는 중요한 시기입니다. 십대에 로마서를 공부할 수 있다는 것은 대단한 축복입니다. 바라기는 예배당만 오가는 종교인이 되지 말고 믿음의 진보를 누리는 그리스도인의 기본기를 로마서를 통해 다져서 바울과 같은 위대한 신앙인이 태어나기를 소원합니다.

복음, 그것이 알고 싶다!

"복음에는 하나님의 의가 나타나서 믿음으로 믿음에 이르게 하나니 기록된 바
오직 의인은 믿음으로 말미암아 살리라 함과 같으니라" (롬 1:17)

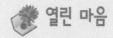 열린 마음

1 복음의 정의를 말해 보십시오.

_____

_____

2 현재 나에게 가장 소중한 것이 무엇인지 우선순위를 매겨 보십시오.

_____

_____

2세기 로마 정복 영역

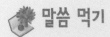
말씀 먹기

● 로마서 1:8-17을 읽고 다음 질문에 답해 보십시오.

1 바울은 지금 무엇으로 인하여 감사하고 있습니까? (8)

_____

_____

2 바울이 소유하고 있는 복음은 어떤 복음입니까? (9)

_____

_____

3 바울이 간절히 원하는 것과 지금 로마로 가는 목적은 무엇입니까?
(10-13)

_____

_____

4 바울은 복음에 대해서 자기가 어떤 존재라고 말합니까? (14)

_____

_____

5 복음에 대한 바울의 자세를 말해 보십시오. (15-16)

_____

_____

6 복음에 대해서 설명해 보십시오. (16~17)

_____

_____

 생각해 보기

● 16~17절은 복음의 요약이라 할 수 있습니다. 당시 로마인은 권력을 자랑했고 헬라인은 문화를 자랑했으며, 유대인은 종교의 우월성을 자랑했습니다. 이런 상황에서 바울이 복음을 부끄러워하지 않은 이유를 말해 보십시오.

_____

_____

💡**Tip** 복음은 모든 사람에게 구원을 주는 능력을 가졌습니다. 누구든지 복음의 가치를 모르면 복음을 부끄러워하지만, 복음의 능력을 경험하면 복음을 자랑하게 됩니다. 세상의 자랑거리는 잠시 주어지는 안개와 같습니다. 그러나 그리스도를 통한 복음은 우리를 의인이 되게 하고 영원한 생명을 갖게 합니다. 이것이 내가 행한 것이 아닌 예수님이 행하신 것이기에, 누구든지 믿음만 있으면 구원을 받게 됩니다. 나를 살리는 것은 나의 믿음이 아닌 하나님의 변하지 않는 신실한 믿음입니다.

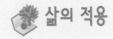 삶의 적용

1 나는 세상(친구와 학교와 이웃) 속에서 복음을 어떻게 생각합니까? 자랑
스러워합니까, 아니면 부끄러워합니까?

_____

_____

2 나는 하나님 앞에서 의인임을 확신합니까? 어떤 점에서 그런지 말해
보십시오.

_____

_____

로마 황제 가이사

가이사의 주화

예수 그리스도가 복음입니다

이 세상에는 우리를 기쁘게 하는 것이 많이 있습니다. 세상 사람들은 그것을 얻기 위해 뛰어다닙니다. 그러나 그것은 우리를 진정으로 기쁘게 하지 못합니다. 잠시 동안은 우리를 즐겁게 할지 몰라도, 우리를 영원히 기쁘게 하지는 못합니다. 그리고 그런 세상의 즐거움은 영적이기보다는 육신적입니다. 감각적이며 물질적인 즐거움입니다. 이런 것은 시간이 지나면 안개처럼 사라집니다. 인간은 동물이 아닙니다. 하나님의 형상을 닮은 영적인 존재입니다. 인간의 가치는 보이는 물질이 아닌 보이지 않는 영적인 것에 있습니다. 마음과 영혼이 즐거울 때 진정한 즐거움이 됩니다.

예수 그리스도가 이 세상에 오신 것은 우리의 육신의 문제를 해결하기 위함이 아니라 우리의 영적 문제를 해결하기 위함입니다. 인간에게 가장 중요한 죄를 용서하기 위함입니다. 죄를 용서받음으로 우리는 영원히 살게 되고 천국에 이르게 됩니다. 죄 용서함을 받으면 우리는 죽는 순간에도 희망을 가질 수 있습니다. 이 얼마나 기쁜 일입니까? 죽음을 이긴 기쁨, 영원을 얻은 기쁨. 이것이 복음입니다. 이것은 예수님을 통해 주신 하나님의 선물입니다.

나는 예수 그리스도를 진정으로 영접했습니까? 그리고 복음의 기쁨을 가졌습니까? 그렇다면 나는 세상에서 가장 행복한 사람입니다. 예수님이 우리의 인생에서 가장 소중한 분이 되는 것은 예수님이 곧 영원한 복음이기 때문입니다.

02

인간의 죄악들

"또한 저희가 마음에 하나님 두기를 싫어 하매 하나님께서 저희를 그 상실한
마음대로 내어 버려두사 합당치 못한 일을 하게 하셨으니" (롬 1:28)

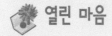

열린 마음

● 주변에서 경험하는 악한 인간들을 보면서 느끼는 점은 무엇입니까?

_____

_____

말씀 먹기

● 로마서 1:18-32을 읽고 다음 질문에 답해 보십시오.

본문은 세상 사람의 죄에 대한 내용을 거론하면서 종교적인 죄(18-25)와 도덕적인 죄(26-32)로 구분하여 설명합니다. 하나님에 대한 죄는 결국 성적인 죄로 연결되어 계속적으로 죄를 범하게 만듭니다. 인간에게 나타나는 모든 죄는 알고 보면 하나님을 떠난 죄의 결과로써 나타나는 죄의 현상들이라 할 수 있습니다.

1 하나님을 경외하지 않고 하나님의 뜻을 거부하는 사람에게는 하늘로부터 무엇이 임합니까? (18)

_____

_____

2 하나님을 알지 못했던 이방인에게도 하나님을 알 만한 것이 이미 존재합니다. 그것은 무엇을 통해 증명할 수 있습니까? (19-20)

3 사람들의 생각과 마음이 허망해지고 어두워진 후에 어떤 모습들이 나타났습니까? (21-25)

_____

_____

4 우리는 오직 누구만 경배해야 합니까? (25)

_____

_____

5 인간들이 범하는 성적인 죄의 모습을 말해 보십시오. (26-27)

_____

_____

6 인간의 마음에 하나님 두기를 싫어하면 어떤 죄악의 모습들이 나타납니까? (28-32)

_____

_____

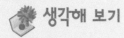 **생각해 보기**

● 종교적인 죄, 성적인 죄, 도덕적인 죄를 짓는 인간의 죄악된 모습이
우리에게 주는 메시지는 무엇입니까? 이런 죄악의 시작은 어디인지
말해 보십시오.

_____

_____

💡**Tip** 모든 인간은 죄인입니다. 사람의 죄는 아주 다양하게 나타납니다. 그중에
가장 큰 죄는 하나님을 믿지 않는 것입니다. 하나님을 섬기지 않고 우상을 섬기는 것
이 대표적인 예입니다. 이렇게 하나님과의 관계가 깨어지면서 이웃과의 관계도 파괴
됩니다. 이웃과의 관계는 성적인 죄로 나타나고, 그 다음은 도덕적인 죄로 나타납니
다. 이런 죄들은 모두 마음에서 나와 눈에 보이지 않게 서서히 우리를 더럽힙니다.
마음을 새롭게 하지 않으면 해결할 수 없는 것들입니다.

로마인의 시조 - 늑대의 젖을 먹고 자란 로물루스와 레무스

제우스 신

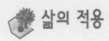 삶의 적용

1 앞의 죄악 목록 중에서 나에게 가장 많이 나타나는 모습들을 찾아보
십시오.

_____

_____

2 이런 죄악의 모습을 통해 느끼는 나의 심경을 말해 보십시오.

_____

_____

죄의 주범을 잡아라

죄는 마음에서 시작되어 행동으로 나타납니다. 겉으로 드러난 죄는 이미 마음이 병들었음을 의미합니다. 병의 증상이 겉으로 드러날 때는 이미 속에 많은 문제가 있음을 의미합니다.

사람에게 나타나는 죄의 증상도 마찬가지입니다. 예를 들면, 인간이 저지르는 탐욕, 사기, 악독, 교만, 시기, 질투, 살인 등의 죄는 일종의 겉으로 드러난 증상과 같습니다. 이것이 근본 원인은 아닙니다. 겉으로 드러난 것을 고치려면 속에 있는 병을 먼저 치료해야 합니다. 외적으로 나타나는 죄의 증상들은 이미 생각과 마음이 병들었기 때문입니다. 마음과 생각이 하나님을 떠났기에 자연스럽게 많은 죄악들이 행해지는 것입니다.

마음에 하나님을 두지 않음으로 인해 성적인 죄와 도적적인 죄가 나타납니다. 이것을 해결하기 위해서는 먼저 하나님을 회복해야 합니다. 마음에 하나님을 두고, 생각 속에서 하나님을 인정하는 일이 일어나지 않으면 죄에서 자유로울 수 없습니다.

현재 나의 생각과 마음은 무엇을 바라보고 있고 어디에 관심이 있습니까? 혹시 하나님 이외의 것은 아닙니까? 만약 그렇다면 그것이 우리를 죄로 이끄는 주범입니다. 은밀하게 숨어 있는 그 주범을 잡아 하나님께 복종시켜야 합니다. 그러면 모든 죄악의 문제들이 해결될 것입니다.

03

나타난 하나님의 의

"이제는 율법 외에 하나님의 한 의가 나타났으니 율법과 선지자들에게 증거를 받은 것이라." (롬 3:21)

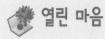

열린 마음

● 지금까지 살아오면서 하나님의 사랑을 느낀 때는 언제인지 말해 보십시오.

_____

_____

말씀 먹기

● 로마서 3:19-31을 읽고 다음 질문에 답해 보십시오.

지금까지 바울은 이방인과 유대인의 죄를 개별적으로 말했으나, 이제는 그 죄가 전 인류로 퍼져 나갔음을 말합니다. 바울은 구약성서를 인용하면서 인간의 죄악에 대해서 신랄하게 규명하고, 모든 인간은 율법으로 인하여 죄인이 되었다고 선포합니다. 특히 전 인류의 죄에 대해서 검사의 고소 형식을 빌려 말합니다. 26-31절에 나타나는 하나님의 칭의는 전적으로 하나님의 은혜로 말미암은 것입니다.

1 율법이 말하는 결론은 무엇입니까? (19)

_____

_____

2 율법의 기능은 무엇입니까? (20)

_____

_____

3 율법 외에 나타난 하나님의 의를 설명해 보십시오. (21-22)

_____

_____

4 사람이 의롭게 되는 일을 말해 보십시오. (23-26)

_____

_____

5 우리가 의롭게 되는 것에 대해서 자랑하지 말아야 하는 이유는 무엇입니까? (27-28)

_____

_____

6 우리가 믿는 하나님은 어떤 하나님이십니까? (29-30)

_____

_____

7 믿음과 율법의 관계는 무엇입니까? (31)

_____

_____

 생각해 보기

● 하나님은 그리스도를 통해 우리를 구원하셨고 의인이 되게 하셨습니다. 예수님이 희생제물이 되심으로 하나님과 인간을 화목하게 하셨습니다. 이것이 주는 교훈은 무엇입니까? (참고. 레 2:2, 히 9:22)

_____

_____

💡 **Tip** 인간과 하나님은 원수 사이입니다. 물론 이것은 인간이 하나님의 뜻을 어겼기 때문에 일어난, 전적으로 인간의 책임입니다. 인간이 죄를 지음으로써 공의로우신 하나님과 원수가 되고 말았습니다. 인간이 죄를 지었기에 그 죄를 인간 스스로는 해결할 수 없습니다. 그것은 죄를 짓지 않은 한 인간이 감당하지 않으면 안 될 힘든 일입니다. 이런 일을 위해 예수님이 대신 제물이 되셨습니다. 이런 면에서 보면 예수님은 하나님의 나타난 의입니다. 우리를 구원하는 의입니다. 인간이 행한 의가 아닌 하나님이 선물로 주신 의입니다.

28

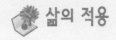 삶의 적용

1 오늘 십자가를 바라보며 깨달은 나의 은혜는 무엇입니까?

_____

_____

2 십자가를 통해 은혜를 받은 나는 앞으로 어떤 자세로 살아야 합니까?

_____

_____

구약성경 율법서 사본

우리가 의인이 된 것은?

인간은 스스로 구원을 이룰 수 없습니다. 죄를 범한 인간이 하는 모든 행동은 죄악의 행동입니다. 이 죄는 태어날 때부터 가지게 됩니다. 죄는 하나님을 인정하지 않고 자기가 하나님처럼 생각하는 것입니다. 모든 것을 자기 힘으로 해결하려는 것을 말합니다. 그런데 생각해 보십시오. 세상에서 살아가는 것만 생각해 봐도 인간은 혼자서 살아갈 수 없습니다. 이웃의 도움을 받아야 합니다. 만약 나 혼자서 산다고 한다면 그것은 교만입니다. 바로 악한 것입니다.

더욱이 하나님 없이 살 수 있다고 하는 것은 가장 큰 교만이요, 죄입니다. 우주에 있는 것들은 인간 혼자의 힘으로 움직일 수 없습니다. 창조하신 하나님이 지켜 주시고 섭리해 주셔야 합니다. 그렇지 않으면 이 지구는 존속하기 어렵습니다.

이것만 보아도 우리는 창조주 하나님을 인정하지 않을 수 없습니다. 만물은 인간의 힘으로 어찌할 수 없는 것들입니다. 그런 하나님을 거부하는 것은 상식적으로도 이해가 안됩니다. 그럼에도 많은 인간들은 하나님을 거부하고, 자기가 신인 양 모든 것을 휘두르려고 합니다.

하나님은 우리의 힘으로 우리 죄를 해결할 수 없음을 아시고 예수님을 보내 우리를 구원하셨습니다. 율법으로 우리를 구원하신 것이 아니라, 죽음으로 우리를 구원하셨습니다. 이것이 우리에게 나타난 하나님의 의입니다. 그리고 이것을 믿는 자는 누구든지 의인이 됩니다.

04

믿음을 가진 자에게 주시는 축복

"그러므로 우리가 믿음으로 의롭다 하심을 얻었은즉 우리 주 예수 그리스도로 말미암아 하나님으로 더불어 화평을 누리자" (롬 5:1)

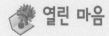 **열린 마음**

● 우리가 예수님을 믿음으로써 유익되는 것 세 가지를 말해 보십시오.
(세상 사람들과 다른 점들)

_____

_____

 말씀 먹기

● 로마서 5:1-11을 읽고 다음 질문에 답해 보십시오.

믿음으로 의롭게 된 의인에게는 어떤 축복된 삶이 있는지, 본문은 그
것을 가르쳐 줍니다. 특히 본문은 의롭다 하심을 받은 그리스도인은
어떻게 은혜를 받았으며, 앞으로 어떤 축복을 받게 되는지 말합니다.
우리가 의롭게 되는 것은 단순하게 죽어서 천국 가는 것 이상의 의미
가 있습니다.

1 믿음으로 의롭다 하심을 얻은 사건은 우리에게 어떤 축복을 줍니까?
(1-5)

—1절 : 그리스도 안에서 하나님과 더불어 (   )을 누린다(평화를 갖
는다).

—2절 : 하나님 앞에서 완전한 지위를 얻어 하나님의 은혜에 (   )간
다(하나님과 대면한다).

—2절 : 하나님의 (   )을 바라고 (   )워한다(소망을 갖고 살게 된다).

— 3-4절 : 생활 속에서 믿음을 가진다.

—환난을 ( )한다.

—환난은 ( )를, 인내는 ( )을, 연단(품성 · 경험 · 성품)은 ( )을

—5절 : 하나님의 ( )을 가지게 된다.

2 하나님의 사랑은 우리에게 어떻게 주어졌습니까? (10)

_____

_____

3 하나님의 사랑은 우리에게 어떻게 나타났는지 말해 보십시오. (6-10)

—연약할 때(6절)

_____

_____

—죄인되었을 때(8절)

_____

_____

—원수되었을 때(10절)

_____

4 하나님과 화목한 그리스도인은 앞으로 어떤 삶을 살아야 합니까? (11)

_____

_____

 생각해 보기

● 그리스도 안에(In christ, 엔크리스토)는 바울이 사용한 믿음을 설명하는 핵심 용어입니다. 그리스도 안에 있는 것과 그리스도 밖에 있는 것의 차이점은 무엇입니까? (참고. 고후 5:17, 엡 2:1-7)

_____

_____

💡 **Tip** 예수님을 믿으면 우리는 이제부터 예수님 안에서 살게 됩니다. 예수님에게 있는 모든 것을 다 얻게 됩니다. 얼마나 감사한 일입니까? 특히 하나님 안에 있는 화평과 기쁨과 사랑을 얻게 됩니다. 이것은 하나님이 예수님 안에 있는 사람에게만 주시는 특별한 축복입니다. 그러나 예수님 밖에 있는 사람은 예수님의 것을 소유할 수 없습니다. 이런 것들은 내 힘으로 얻어지는 것이 아닌 그리스도로 말미암아 얻는 선물입니다. 이런 사람은 하나님의 진노에서, 그리고 죄에 대해서 자유로워지게 됩니다.

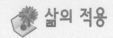 삶의 적용

1 믿음을 가진 나는 현재 어떤 삶을 살고 있습니까?

_____

_____

2 내 안에 그리스도가 계심을 확신합니까? 확신한다면 무엇으로 그것을 알 수 있습니까?

_____

_____

로마 카타콤의 예수 그리스도 상징

당당하게 살아가라

믿음으로 의롭다 하심을 받은 우리는 이제 하나님 안에서 즐거운 삶을 살 수 있게 되었습니다. 여기서 의롭다 함을 받았다는 것은 칭의를 의미합니다. 즉 우리가 자격이 안 됨에도 하나님의 은혜로 의인이 되었다는 것입니다. 이것은 전적으로 죄인을 위해 죽으신 예수님의 은혜입니다.

이런 은혜를 받은 그리스도인은 이제 당당하게 세상에서 살아갈 수 있습니다. 비록 여전히 육신에 속함으로써 죄를 지을 수밖에 없는 존재이지만, 우리는 그것의 지배를 받지 않고 하나님의 지배를 받아 죄를 이길 수 있습니다.

환난 가운데서도 즐거워하고 인내하며 소망을 품고 살 수 있습니다. 죄로 인한 두려움으로부터 벗어날 수 있습니다. 이것이 하나님의 자녀가 갖는 특권입니다. 우리는 하나님과 화목하게 되었습니다. 그리고 그 믿음으로 어려움을 능히 이길 수 있습니다.

그리스도인은, 죄인이지만 세상에서 죄인처럼 사는 것이 아닌 의인처럼 살아가야 합니다. 당당하게 왕 같은 자녀로서 살아가야 합니다. 이것이 하나님이 원하시는 하나님의 자녀상입니다. 이런 당당함은 자기 힘을 믿는 자만함과 다릅니다. 은혜로 살아가는 당당함입니다. 겸손함을 가진 당당함입니다. 다른 사람을 섬기는 자신감입니다.

05

이미 죽은
사람입니다

"이와 같이 너희도 너희 자신을 죄에 대하여는 죽은 자요 그리스도 예수 안에서
하나님을 대하여는 산자로 여길지어다." (롬 6:11)

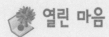 열린 마음

● 나를 가장 힘들게 하는 것은 이웃보다 자신입니다. 현재 나(우리)를 가장 힘들게 하는 것은 무엇입니까?

_____

_____

 말씀 먹기

● 로마서 6:1-14을 읽고 다음 질문에 답해 보십시오.

믿음으로 의롭게 되는 것은 순간적이지만, 의로운 삶을 사는 것은 긴 시간을 요합니다. 믿음으로 영원히 구원받는 칭의는 이루어지지만 실제 생활에서는 여전히 죄악된 생활을 할 때가 많습니다. 그리스도인은 하나님의 자녀로서 의롭게 된 후에, 삶을 통해서 하나님의 자녀 상을 갖추어 나가야 합니다. 무엇보다도 그리스도인의 정체성에 대해서 분명히 정리해야 이런 변화된 삶이 가능합니다.

1 우리가 은혜를 받기 위해서 죄 가운데 거할 수 없는 중요한 이유는 무엇입니까? (1-2)

_____

_____

2 그리스도를 믿는 증표로써 우리가 세례를 받습니다. 세례를 통하여

그리스도인의 정체성을 정리해 보십시오. (3-5)

_____

_____

3 우리의 옛 사람이 십자가와 함께 못 박힌 이유는 무엇입니까? (6-7)

_____

_____

4 그리스도와 함께 죽은 자가 분명하게 믿어야 할 내용은 무엇입니까?
(8-9)

_____

_____

5 그리스도의 죽음과 부활을 통해 그리스도인은 어떤 사람인지 말해 보
십시오. (10-11)

_____

_____

6 이미 죄에 대해서 죽은 자임을 아는 사람은 어떤 삶을 살아야 합니
까? (12-14)

_____

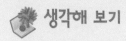 **생각해 보기**

● 믿음이 자라기 위해서 우리가 가장 먼저 알아야 할 신앙의 전제사항
을 정리해 보십시오.

─2절 :

_____

_____

─6절 :

_____

_____

─7-8절 :

_____

_____

💡 **Tip** 믿음의 성장은 내가 살아 있어서는 안 됩니다. 내가 죽었을 때 믿음이 자라
게 됩니다. 여기서 나는 옛 사람을 의미합니다. 우리는 이미 십자가와 함께 옛 사람
으로 죽었습니다. 지금 살아 있는 것은 새 사람입니다. 그러나 육신을 입고 있는 이
상 우리는 여전히 옛 사람에 대해서 자유롭지 못하고 그것의 지배를 받게 됩니다. 그
것은 아직 자신이 십자가에서 죽었다는 확신이 적어서입니다. 이런 면에서 믿음이
필요하고, 그 사실을 체험적으로 받아들이는 일이 필요합니다. 그렇지 않으면 여전
히 옛 사람으로 육신적인 신앙생활을 하게 됩니다.

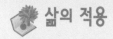 삶의 적용

1 나는 그리스도와 함께 십자가에 못 박혀 이미 죽은 존재라는 것을 믿습니까? 그럼에도 여전히 내가 옛 사람으로 살아가는 이유는 무엇이라고 생각합니까?

_____

_____

2 나는 현재 나의 삶을 누구에게 드리면서 살고 있습니까? 죄입니까, 아니면 하나님입니까?

_____

_____

초대교회 교인들의 세례터

이미 죽은 사람입니다

왜 세상살이가 힘들까요? 그것은 다름 아닌 나 자신 때문입니다. 인생을 살아가면서 나를 가장 힘들게 하는 사람은 바로 나 자신입니다. 화가 나는 것도 나 자신 때문입니다.

내가 강하고 내가 부서지지 않았기에 나타나는 현상입니다. 환경이 아닙니다. 이웃이 아닙니다. 주변이나 배경이 아닙니다. 바로 나 자신이 나를 가장 힘들게 합니다.

그렇다면 힘들게 하는 나 자신의 정체는 무엇입니까? 그것은 다름 아닌 이미 십자가에서 죽은 나 자신입니다. 십자가와 함께 장사 지낸 옛 사람입니다. 그런데 그 사람이 다시 살아나서 나를 괴롭히는 것입니다. 그것은 실체가 아닌 허상입니다. 우리는 이미 죽은 존재입니다. 당연히 화날 일도 없고, 자존심 상할 일도 없습니다. 그런데 왜 내가 힘들까요? 그것은 죽은 나 자신이 나를 지배하기 때문입니다. 마치 죽은 망령이 나를 괴롭히는 것과 같습니다. 아직 완전히 죽지 않았기 때문입니다.

죽으면 편안합니다. 죽으면 화날 일도 없습니다. 지금부터라도 우리는 죄에 대해서는 죽은 자로 여기고, 하나님에 대해서는 산 자로 여기면서 살아가야 합니다. 그러면 자연히 이 몸을 하나님에게 드리면서 하나님의 종으로 살게 됩니다. 새롭게 사는 현재의 나 자신은 하나님의 은혜로 살아가는 사람임을 기억하고 늘 감사하면서 살아가야 합니다. 세례를 받았다고 하는 것은 이미 옛 사람을 장사 지냈다는 것을 공적으로 인정한 것입니다.

지금이라도 선언하십시오. "나의 옛 사람은 이미 죽었습니다." 모든 것은 아직 내가 죽지 않아서, 다시 말하면 죽은 사실을 인정하지 않았기에 나타나는 현상입니다.

06

두 본성의
싸움

"내가 원하는 바 선은 하지 아니하고 도리어 원치 아니하는 바
악은 행하는도다." (롬 7:19)

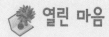 **열린 마음**

● 어떤 때 자기 마음을 가장 잡기가 힘든지 말해 보십시오. 살면서 내
가 언제 싫어지는지 함께 나누어 보십시오.

_____

_____

 말씀 먹기

● 로마서 7:15-25을 읽고 다음 질문에 답해 보십시오.

그리스도인의 고민은 선한 하나님의 뜻을 알면서도 속마음은 율법
과 반대되는 방향으로 나아가는 것입니다. 바울 자신도 이런 고민을
가지고 있음을 토로하면서 아직도 살아 있는 자신의 죄악된 성품에
대해 언급합니다. 믿음생활을 한 후에도 죄는 여전히 살아서 자신을
괴롭히고 있습니다. 우리는 내면에 있는 죄를 다스리고 계속적으로
선한 싸움을 해야 합니다.

1 바울은 자기의 고백을 예로 들면서, 원하지 않는 것을 행하는 모순된
삶을 산다고 했는데 그 이유는 무엇입니까? (15)

_____

_____

2 내가 원하지 않는 것을 행하게 하는 주범은 무엇입니까? (16-17, 20)

_____

_____

3 우리의 육신에 대한 결론은 무엇입니까? (18)

_____

_____

4 우리 안에 있는 두 본성의 모습을 말해 보십시오. (19-21)

_____

_____

5 내 마음 속에서 일어나고 있는 영적 전투의 상황을 설명해 보십시오.
(22-23)

_____

_____

6 그리스도인은 어떤 고백(두 가지)을 하면서 살아야 합니까? (24-25)

_____

_____

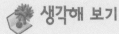 **생각해 보기**

● 우리 안에는 보이지 않는 두 가지 싸움이 늘 일어나고 있습니다. 속 사람(하나님의 법-마음의 법)과 지체(죄의 법-다른 법)와의 싸움입니다. 우리 가 하나님의 법으로 승리할 수 있는 비결을 말해 보십시오.

_____

_____

💡 **Tip** 예수를 믿는 사람에게는 하나님의 법이 들어와 있습니다. 그러나 문제는 우리가 하나님의 법을 따르지 못하고 순종하지 못하는 데 있습니다. 내가 어디에 순종하느냐에 따라 나의 모습이 달라집니다. 육신으로는 자꾸 죄에 끌려가지만 마음은 하나님에게 있습니다. 이것이 우리의 딜레마입니다. 중요한 것은 마음처럼 육신도 함께 따라가주는 것입니다. 물론 그것이 하루아침에 이루어지지는 않습니다. 그것을 이루기 위해 부단히 노력하여 하나님께 나아간다면, 언젠가는 마음과 육신이 모두 하나님을 향하게 될 것입니다.

 삶의 적용

1 나는 어떤 때 가장 힘듭니까? 내가 내 마음대로 하지 못하는 것을 말 해 보십시오.

_____

2 두 가지 중에서 선한 삶을 살기 위해서 내가 해야 할 일은 무엇입니 까?

_____

그럼에도 불구하고 감사하라

우리는 선한 것보다 악한 것을 더 좋아하고 그것을 좇는 경향이 있습니다. 이것이 인간의 연약함입니다. 하나님을 믿은 이후에도 이런 현상은 계속 나타납니다. 마음은 원하지 않지만 육신이 연약해서 생기는 모습입니다. 마음으로는 선한 것을 사모하지만 육신은 세상으로 향합니다. 내가 원하는 것은 행하지 않고 원하지 않는 악한 것만 행하기에 우리는 얼마나 괴롭습니까?

그래도 우리의 속사람이 하나님의 법을 즐거워하여 다행입니다. 세상 사람들은 아예 이런 일이 없습니다. 오직 자기의 욕심만 채울 뿐입니다. 우리는 선과 악 속에서 갈등합니다. 이런 갈등은 좋은 현상입니다. 내가 살아 있다는 증거입니다.

우리는 이런 갈등을 통해서 영적으로 자랍니다. 비록 육신으로는 죄를 따르지만 마음은 늘 하나님을 향해 있다면 언젠가는 육신도 하나님을 향하여 나아가는 날이 있을 것입니다.

이런 갈등으로 너무 괴로워하지 말고, 이럴 때일수록 하나님에게 감사하며 은혜를 기억하는 하나님의 자녀가 되어야 합니다. 바울처럼 "오호라 나는 곤고한 사람이로다 이 사망의 몸에서 누가 나를 건져내랴"고 고백하면서 늘 겸손한 자세를 가진다면 하나님의 은혜가 임하게 될 것입니다. 내가 교만할 줄 미리 아시고 늘 하나님 앞에서 낮추는 고백을 하게 하려고 주신 연약함이라 생각하면, 오히려 그 연약함이 나에게는 강함이 될 수 있습니다.

07

성령의
인도함을 받는 삶

"그러므로 이제 그리스도 예수 안에 있는 자에게는
결코 정죄함이 없나니" (롬 8:1)

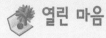

열린 마음

● 그동안 삶을 살아오면서 하나님의 인도하심을 받았던 경험이 있으면 말해 보십시오.

_____

_____

말씀 먹기

● 로마서 8:1-11을 읽고 다음 질문에 답해 보십시오.

성서를 한 개의 가락지로 본다면, 로마서는 그 보석이고 제8장은 보석의 반짝이는 첨단입니다. 로마서 8장은 많은 사람들이 좋아하는 내용으로, 로마서의 절정과 같은 부분입니다. 우리는 로마서 7장을 통과하여 8장으로 들어가면서 어두운 긴 터널을 통과하여 광명의 빛을 맞이하는 것과 같은 느낌을 받게 됩니다. 예수 안에서 새롭게 태어난 모습을 이야기하는데, 여기에 사용된 낱말들과 문장들에서는 새롭고 화려한 분위기를 느낄 수 있습니다.

1 그리스도인에게 없는 것은 무엇입니까? 그 이유는 무엇입니까? (1-2)

_____

_____

2 예수님의 십자가 죽음은 결국 무엇을 이루는 결과가 되었습니까? (3-4)

_____

_____

3 육신을 좇는 사람과 성령을 좇는 사람의 차이점은 무엇입니까? (5)

_____

_____

4 육신의 생각과 영의 생각의 특징을 각각 말해 보십시오. (6-8)

_____

_____

5 우리가 육신 안에 있지 않음을 무엇으로 확인할 수 있습니까? (9)

_____

_____

6 주님(주님의 영)이 우리 안에 계시면 우리의 육신과 영의 상태는 어떠합니까? (10-11)

_____

_____

생각해 보기

● 영을 따르는 삶과 육신을 따르는 삶은 구체적으로 어떤 것인지 각각
말해 보십시오. 영을 따르는 삶을 살기 위해서 우리가 해야 할 일은
무엇입니까?

_____

_____

💡 Tip 어느 누구도 인간의 힘으로는 우리 안에 있는 죄악을 이길 수 없습니다. 그
러나 우리 안에 있는 성령님께 우리 자신을 드리면 그 성령이 우리를 이끌어 가게 됩
니다. 육신의 생각이 아닌, 늘 성령의 생각을 함으로써 하나님이 주시는 평안과 생명
을 경험해야 합니다. 이미 우리 안에 그리스도의 영이 있습니다. 그 영은 죽은 자를
살리신 부활의 영입니다. 그 영이 우리 안에서 역사하시면 우리 육신의 정욕도 능히
이길 수 있습니다. 성령의 능력을 덧입기 위해서는 말씀을 가까이하고 기도를 통해
주님 앞에 한 걸음씩 나아가야 합니다.

🌺 삶의 적용

1 나는 성령 받은 사람임을 믿습니까?

_____

_____

2 하나님이 기뻐하실 나의 인생 계획을 말해 보십시오.

_____

_____

성령을 따르는 삶

복음을 가진 사람 마음속에는 성령의 법이 있습니다. 우리를 지켜 주는 힘은 바로 이것입니다. 그동안 우리는 율법을 지키는 것도 내 힘으로 했습니다. 그러나 그것으로는 누구도 율법을 지킬 수 없습니다. 오히려 우리의 연약함을 알게 할 뿐입니다. 그것이 율법의 역할입니다.

말씀을 가까이하면서 우리는 자신의 무가치함을 깨닫고 더욱더 하나님을 의지하게 됩니다. 이런 면에서 율법의 역할은 중요합니다. 우리는 일차적으로 율법을 통하지 않고서 하나님의 은혜에 이를 수 없습니다. 율법은 주님에게 인도하는 몽학 선생과도 같습니다.

우리는 주님을 만난 이후에는 더 이상 율법에 매달려서는 안됩니다. 이제 우리는 성령에 의지하면서 성령이 모든 것을 해결해 주시도록 해야 합니다. 이제는 내가 율법을 지키는 것이 아닌 성령의 도우심으로 율법을 지키게 됩니다.

성령은 우리를 도와주시는 보혜사입니다. 그분은 우리를 돕기 위해서 우리 안에 오셨습니다. 그러므로 우리는 이제부터 성령에 의지해 그분의 생각과 마음을 읽고 그분의 뜻을 따라서 살아가야 합니다. 성령에게 순종하는 삶을 살아야 합니다. 그러면 우리의 죽을 몸도, 인간의 힘으로 안 되는 일도 기적적으로 이루어지게 됩니다. 성령의 능력으로 모든 것이 가능하게 됩니다. 기적은 성령에게 얼마나 의지하느냐에 달려 있습니다.

08

신앙의
실패원인

"내가 증거하노니 저희가 하나님께 열심히 있으나 지식을 좇는 것이 아니라
하나님의 의를 모르고 자기 의를 세우려고 힘써 하나님의
의를 복종치 아니하였느니라." (롬 10:2-3)

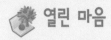 **열린 마음**

● 열심만 가지고 신앙생활을 하면 어떤 문제가 생길 수 있습니까? 자기의 경험을 중심으로 말해 보십시오.

_____

_____

 말씀 먹기

● 로마서 10:1-15을 읽고 다음 질문에 답해 보십시오.

본문은 유대인이 믿음으로 말미암은 하나님의 의를 모르고 자기의 의를 내세웠기에 결국 구원에 이르지 못하고 거부된 것을 밝힙니다 (1-10). 그것의 성서적 배경을 들면서 복음 전도의 경로를 말하고 있습니다(11-15). 유대인들은 복음을 충분히 받아들일 수 있음에도 복음을 거부했습니다.

1 유대인들의 열심과 의에 대한 문제점은 무엇입니까? (1-3)

_____

_____

2 그리스도와 의와 율법과의 관계를 말해 보십시오. (4)

_____

3 모세(율법)는 어떻게 구원을 얻는다고 말했습니까? (5)

_____

_____

4 믿음으로 말미암은 의를 쉽게 설명해 보십시오. (6-8)

_____

_____

5 우리가 구원을 얻는 방법은 무엇입니까? (9-13)

_____

_____

6 구원은 오직 하나님의 말씀을 들음으로 일어납니다. 구원의 역사가
일어나기 위하여 무엇이 선행되어야 합니까? (14-15)

_____

_____

🌺 생각해 보기

● 유대인들은 믿음에 의한 구원을 거절하고 스스로의 의를 통한 구원의
길을 택하고 있습니다. 왜 그들은 이렇게 어려운 행위를 끝까지 주장

하면서 그리스도를 받아들이지 않고 거절했는지, 그 이유를 설명해 보십시오. (참고. 요엘 2:32)

_____

_____

💡 **Tip** 유대인이 복음을 거절하고 그리스도를 죽인 이유는 무엇입니까? 그것은 그들이 믿었던 하나님에 대한 지식이 잘못되었기 때문입니다. 하나님에 대한 잘못된 지식은 결국 그리스도를 거부하고 영접하지 못하게 했습니다. 율법의 결론은 예수 그리스도입니다. 율법을 정말 잘 지키는 것은 곧 예수님을 영접하는 것임을 그들은 이해하지 못했습니다. 예수님이 곧 말씀임을 믿었다면 그들도 율법을 통해서 그리스도를 발견했을 것입니다. 신앙생활에서 잘못된 지식이 얼마나 위험한지를 보여주는 좋은 예입니다.

 삶의 적용

1 나는 하나님에 대한 올바른 지식을 갖고 신앙생활을 하기 위해서 현재 어떤 일을 합니까?

_____

_____

2 오늘 말씀을 통해 이번 주에 실천해야 할 사항은 무엇입니까? 삶의 적용을 위한 구체적인 실천 계획을 말해 보십시오.

_____

_____

열심보다 방향이 중요합니다

신앙생활을 힘들게 하는 이유 중 하나는 잘못된 지식을 좇는 것입니다. 열심보다 방향이 중요합니다. 방향이 잘못되면 그 열심은 신앙생활을 패망에 이르도록 하는 역할을 합니다.

무조건 열심히 살아가는 것은 위험합니다. 유대인들의 열심은 그리스도를 알지 못하는 잘못된 열심이었습니다. 그런 이유로 그들은 예수님을 십자가에 못 박아 죽였습니다. 잘못된 열심이 그렇게 만들었습니다. 이런 면에서 하나님을 제대로 알고 신앙생활을 해야 합니다.

하나님을 안다는 것이 쉽지는 않습니다. 하나님을 알아가는 일에 끊임없이 힘을 쏟아야 합니다. 자기의 편견에서 벗어나 하나님이 원하는 마음을 갖고 세상과 삶을 바라보아야 합니다. 내가 기준이 되면 안 됩니다. 하나님이 기준이 되어야 합니다.

유대 교회당

율법은 그리스도를 통해서 이미 이루어졌습니다. 율법을 볼 때도 그리스도를 통하지 않으면 율법을 잘못 보게 됩니다. 구약의 율법은 그리스도를 위한 것인데 유대인들은 잘못된 지식으로 그 주인공인 그리스도를 죽였습니다. 얼마나 황당합니까? 이것이 유대인의 치명적인 문제점입니다.

우리가 성경을 공부하는 것도 바로 이것 때문입니다. 올바른 신앙생활을 하기 위해 올바른 지식을 갖는 것은 매우 중요합니다. 분명한 진리를 잡고 그것에 열심을 내는 것이 우리가 가져야 할 바람직한 자세입니다.

09

새로운 삶
-교회에서

"그러므로 형제들아 내가 하나님의 모든 자비하심으로 너희를 권하노니
너희 몸을 하나님이 기뻐하시는 거룩한 산 제사로 드리라
이는 너희의 드릴 영적 예배니라." (롬 12:1)

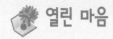 **열린 마음**

● 교회 안에서 신앙생활을 할 때 가장 힘든 일은 무엇입니까?

_____

_____

 말씀 먹기

● 로마서 12:1-8을 읽고 다음 질문에 답해 보십시오.

로마서 1장-11장까지는 신앙의 원리편이고 12장-16장까지는 신앙
의 실천편입니다. 원리와 실천이 잘 연결될 때 신앙이 드디어 힘을
발휘합니다. 실천이 뒤따르지 않는 믿음은 거짓이요, 원리에 입각하
지 않는 삶은 건전하지 못합니다. 바른 신앙생활을 위해서는 먼저 하
나님과의 관계가 잘 정립되어야 합니다.

1 믿음으로 구원받은 그리스도인들은 자신의 몸을 어떻게 사용해야 합
니까? (1)

_____

_____

2 그리스도인은 날마다 변화하는 삶을 살아야 합니다. 이것을 위해서
필요한 것은 무엇입니까? (2)

3 하나님의 은혜로 그리스도와 한 몸 된 성도들은 각각 어떤 생각으로 하나님의 사역에 동참해야 합니까? (3)

4 하나님의 몸된 교회공동체에서 사역을 함에 있어서 기본적으로 염두에 두어야 할 중요한 사실은 무엇입니까? (4-5)

5 교회공동체를 섬길 때 기준을 삼는 하나님의 원리를 말해 보십시오. (6)

6 봉사를 위해서 필요한, 하나님이 우리에게 주신 성령의 은사들은 어떤 것들인지 말해 보십시오. (7-8)

🌸 생각해 보기

● 하나님의 구원 은혜를 받은 사람은 이제 하나님께 자기를 드리는 헌신의 삶을 살아야 합니다. 교회 안에서 구체적으로 어떻게 살아야 하는지 성경적 지침을 말해 보십시오.

_____

_____

💡 **Tip** 그리스도인의 옛 사람은 십자가에 죽은 사람입니다. 이제부터 사는 그리스도인은 새로운 사람입니다. 당연히 그리스도인은 자신의 몸을 하나님을 위해 드려야 합니다. 교회를 섬기는 일에서도 이것은 그대로 적용됩니다. 이제부터는 자기의 힘으로 교회를 섬기는 것이 아닌, 하나님이 주신 은사로 교회를 섬겨야 합니다. 철저하게 낮은 모습으로 말입니다. 그 이유는 이전의 옛 사람은 죽었으며, 새 사람은 다른 사람을 섬기는 특징을 가지고 있기 때문입니다.

🌸 삶의 적용

1 그리스도인의 옛 사람은 이제 죽었습니다. 현재의 나는 새 사람입니다. 새 사람인 나는 어떤 생활방식을 가지고 있는지 말해 보십시오.

_____

2 오늘 말씀을 통해 이번 주에 실천해야 할 사항은 무엇입니까? 삶의 적용을 위한 구체적인 실천 계획을 말해 보십시오.

_____

마음과 몸이 하나가 되어서

그리스도인은 이제부터 마음과 몸이 하나로 나아가야 합니다. 우리의 영혼은 완전히 구원을 받았습니다. 그러나 우리의 몸은 아직 온전한 구원을 받지 못했습니다. 그리스도인의 삶은 몸을 온전한 모습으로 이끄는 것이어야 합니다.

이제부터 우리의 몸은 하나님께 드리는 거룩한 산제사가 되어야 합니다. 그것을 위해서는 우리의 마음과 영혼을 더욱 튼튼하게 해야 합니다. 그것이 약하면 우리의 몸을 하나님께 드리기 어렵습니다. 우리의 생각과 마음은 늘 하나님의 뜻을 헤아리는 데 익숙해야 합니다. 내 생각으로 하는 것이 아닌 하나님의 생각으로 하는 습관을 들여야 합니다.

하루를 살아갈 때, 오늘도 하나님이 기뻐하실 일이 무엇인지를 생각하고 그것에 집중해야 합니다. 마음은 하나님에게 가 있지만 몸은 세상으로 가 있으면 안 됩니다. 몸을 온전히 이끌기 위해 우리의 생각과 마음을 말씀으로 강하게 하고; 그것을 실천하는 삶이 된다면 우리는 점차 거룩한 모습으로 변할 것입니다. 하나님이 내게 주신 믿음의 분량을 생각하고 그 범위 안에서 행동하고 살아간다면, 우리의 삶은 많이 변화될 것입니다.

이제부터 우리가 교회뿐 아니라 삶의 모든 영역에서 거룩한 예배를 드린다면 얼마나 좋을까요? 마음과 몸을 하나로 해서 하나님에게 드린다면 하나님이 얼마나 기뻐하실까요?

10

새로운 삶
–이웃에서

"간음하지 말라, 살인하지 말라, 도적질 하지 말라, 탐내지 말라 한 것과 그 외에
다른 계명이 있을지라도 네 이웃을 네 자신과 같이 사랑하라 하신
그 말씀 가운데 다 들었느니라." (롬 13:9)

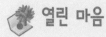 **열린 마음**

● 이웃을 제대로 사랑하지 못하는 이유는 무엇입니까? 친구가 미워질 때는 언제인지 말해 보십시오.

_____

_____

 말씀 먹기

● 로마서 13:8-14을 읽고 다음 질문에 답해 보십시오.

본문은 그리스도인의 이웃에 대해서 말하고 있습니다. 믿음을 가진 사람은 이웃 속에서 사랑을 실천하는 삶을 살아야 합니다. 특히 주님이 오실 날을 바라보면서 이웃 속에서 거룩한 삶을 살아야 합니다.

1 어떻게 할 때 율법을 이룰 수 있습니까? (8)

_____

_____

2 그리스도인은 이웃에 대해서 어떤 자세를 가져야 합니까? (9-10)

_____

_____

3 사랑과 율법의 관계는 무엇입니까? (10)

_____

_____

4 그리스도인은 어떤 시각으로 세상을 살아야 합니까? (11)

_____

_____

5 악한 어둠의 세상 속에서 그리스도인이 취해야 할 삶의 자세는 무엇입니까? (12-14)

_____

_____

생각해 보기

● 왜 사랑이 최고의 법이며 율법의 완성이 되는지, 그 이유를 말해 보십시오. 법과 사랑의 관계를 아울러 정리해 보십시오. 사랑의 빚 외에는 아무에게도 빚을 지지 말라고 한 말씀의 의미는 무엇입니까?

_____

_____

💡 **Tip** 이 세상에서 가장 소중한 것은 사랑입니다. 알고 보면 세상의 모든 것은 사

랑으로 이루어진 것입니다. 그리스도인이 된 것도 오직 하나님의 사랑으로 된 것입니다. 하나님이 우리에게 율법을 주신 것도 사랑을 위해서입니다. 율법은 사랑의 법입니다. 사랑하지 못하면 율법을 아무리 잘 지켜도 소용없습니다. 우리는 남에게 사랑을 받으면서 자랍니다. 사랑받은 만큼 남을 사랑하게 됩니다. 이런 면에서 사랑의 빚 외에 다른 빚은 지면 안 됩니다.

 ## 삶의 적용

1 나의 이웃은 누구입니까? 나는 그 이웃에 대해 어떤 자세를 가지고 있습니까?

_____

_____

2 현재의 나를 볼 때 하나님이 슬퍼하실 모습이 있다면 무엇인지 말해 보십시오.

_____

_____

로마의 노예

그리스도의 옷을 입어라

하나님의 사람은 세상의 옷을 입으면 안 됩니다. 이제는 그리스도의 옷을 입고 살아야 합니다. 옷은 그 사람의 신분을 알려줍니다. 어떤 옷을 입느냐에 따라 사람이 달라집니다. 우리는 그동안 세상의 옷을 입고 살았고 어둠의 옷을 입고 살았습니다.

그러나 이제 그리스도인으로서, 날마다 그리스도의 옷을 입고 세상에 나가야 합니다. 빛의 옷을 입고 세상 속에서 빛과 소금의 역할을 해야 합니다. 그럼에도 불구하고 여전히 어둠을 좇는다면 그것은 안타까운 일입니다. 믿음을 가진 이후에도 여전히 세상이 좋아하는 일을 한다면 그것은 믿음의 가치가 상실된 것입니다.

세상에는 청소년을 유혹하는 많은 죄악의 모습이 있습니다. 음란과 호색과 방탕과 시기와 질투와 음주 등으로 가득 차 있습니다. 우리를 둘러싸고 있는 이런 악한 것들로부터 우리를 지키는 길은 그리스도의 옷을 입는 것입니다. 빛의 갑옷을 입는 일입니다. 그러면 자연히 그들이 우리를 멀리 하고 떠나게 됩니다.

우리가 어떤 옷을 입느냐에 따라 다른 사람들이 다가옵니다. 믿음의 흉배를 두르고 구원의 투구를 쓰고 복음의 신발을 신고 성령의 검을 가진, 그런 무장한 모습이 아니면 세상에서 살아가기 어렵습니다. 하루를 살아갈 때 늘 말씀과 기도로 무장하고 시작하는 것은 아무리 강조해도 지나치지 않습니다.

당신은 지금 무장해제한 채로 세상에 나갑니까? 아니면 그리스도로 갑옷을 입고 나갑니까?

11

남을
판단하는 죄

"우리 중에 누구든지 자기를 위하여 사는 자가 없고 자기를 위하여 죽는 자도
없도다 우리가 살아도 주를 위하여 살고 죽어도 주를 위하여 죽나니
그러므로 사나 죽으나 우리가 주의 것이로다." (롬 14:7-8)

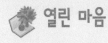 **열린 마음**

● 왜 사람은 남을 판단하고 비난하며 시기하는 것을 좋아합니까? 나의
경험을 토대로 나누어 보세요.

_____

_____

 말씀 먹기

● 로마서 14:1-12을 읽고 다음 질문에 답해 보십시오.

본문은 그리스도인이 복음 안에서 누리는 자유로 다른 사람을 비판하
면 안 된다고 말합니다. 오히려 믿음이 강한 자는 믿음이 약한 자를 돌
아보고 생각하는 아량이 있어야 합니다. 자기의 한계를 인정하고, 특
히 자기중심적 태도를 경계하고 서로 이해하는 삶을 살아야 합니다.

1 믿음이 약한 자에 대한 그리스도인의 자세는 무엇입니까? (1-3)

_____

_____

2 왜 다른 사람을 함부로 판단하면 안 됩니까? (3-4)

_____

_____

3 음식과 시간과 날짜에 대한 그리스도인의 바람직한 태도를 말해 보십시오. (5-6)

_____

_____

4 삶과 죽음에 대한 그리스도인의 바람직한 자세는 무엇입니까? (7-9)

_____

_____

5 우리가 다른 형제들에 대해 함부로 판단하면 안 되는 이유는 무엇입니까? (10-12)

_____

_____

🌱 생각해 보기

● 왜 우리는 다른 사람의 행동에 대해서 쉽게 판단하고 비판하는지, 그 이유를 말해 보십시오. 아울러 이것을 해결하기 위한 방법을 찾아보십시오.

_____

_____

💡 Tip 그리스도인은 다른 사람을 나보다 높게 여기는 사람입니다. 자기를 높이는 사람은 아직 자기가 죽지 않았기 때문입니다. 하나님을 위하여 산다고 하는 것은 이웃을 위해 사는 것을 의미합니다. 이웃은 보이지 않는 또 다른 하나님입니다. 그런 의미에서 이웃을 판단하는 것은 위험합니다.

또 하나, 우리가 이웃을 판단하면 안 되는 이유는 우리가 부족하기 때문입니다. 남을 판단할 만한 능력을 우리는 갖지 못했습니다. 보이지 않는 사람의 마음을 아는 것은 불가능합니다. 그런 판단으로 나중에 자기가 더 판단을 받게 됩니다. 판단할 수 있는 분은 오직 하나님 한 분밖에 없습니다. 이미 십자가에서 죽은 우리가 남을 판단하는 것은 옳지 않습니다.

 ## 삶의 적용

1 내가 지금까지 이웃에 대해서 잘못된 판단의 죄를 범한 경우가 있으면 말해 보십시오.

_____

_____

2 본문을 통해 정리된 하나님이 기뻐하실 나의 인생의 원리는 무엇인지 말해 보십시오.

_____

_____

로마의 목욕탕

주님은 나의 비전입니다

우리 삶의 방향은 예수님을 믿는 순간 바뀝니다. 내가 주인이었던 삶에서 주님이 주인인 삶으로 전환됩니다. 이전에는 내 삶의 목적이 나 자신이었습니다. 오직 나의 안락과 평안을 위한 것이었습니다. 그러나 그리스도를 영접한 이후에는 내 삶이 주님을 위한 것으로, 삶의 가치와 비전이 완전히 바뀝니다.

이제 우리 삶의 비전은 주님이십니다. 모든 목표가 결국은 주님을 위한 것입니다. 살아도 주님을 위하여 살고 죽어도 주님을 위하여 죽는 것이 그리스도인의 삶입니다. 왜냐하면 죽으나 사나 우리는 주의 것이기 때문입니다. 최종적으로 남는 것은 주님밖에 없습니다.

이 세상을 살아가면서 한 가지 기억해야 할 것은, 인생 마지막에는 결국 하나님을 위해 산 것만 남게 된다는 것입니다. 오직 그것만이 최종적인 심판의 기준이 되고 평가의 기준이 됩니다. 마지막에는 하나님 앞에서 우리가 한 일을 스스로 고백해야 합니다.

가장 성공적인 삶의 기준은 무엇일까요? 그것은 하나님을 위해 얼마나 많은 시간과 열정을 바쳤느냐입니다. 오로지 우리의 비전은 하나님 그분입니다. 어떤 비전도 이보다 더 큰 비전이 될 수 없습니다. 먹든지 마시든지, 무엇을 하든지 우리는 하나님이 생각하는 그 일을 해야 합니다. 그것이 새 사람의 모습입니다. 더 이상 세상의 잣대로 우리의 성공을 평가해선 안 되며, 그것에 휩싸여도 안 됩니다.

공부하는 것과 인생의 성공도 결국은 그분을 드러내는 데 초점을 맞추어야 합니다. 오늘도 주님 그분을 위해서 주어진 일을 한다면, 이보다 더 좋은 것은 없을 것입니다.

저자 이대희 목사

장로회 신학대학교 신학대학원(M.Div)과 연세대학교 연합신학대학원(Th.M)을 졸업하고 현재 에스라성경대학원대학교 성경학박사(D.Liit) 과정 중이다.

예장총회교육자원부 연구원과 서울장신대학교 신학과 교수를 역임하고 서울 극동방송에서 "알기 쉬운 성경공부" "기독교 이해" 등의 프로그램을 진행했다. 지난 20여 년 동안 성서사람 · 성서한국 · 성서교회 · 성서나라의 모토를 가지고 한국적 성경교육과 실천사역을 위해 집필과 세미나와 강의사역을 하고 있다. 현재 바이블미션(www.bible91.org) 대표, 꿈을주는교회 담임목사, 독수리기독중고등학교 성경교사, 강남성서신학원 외래교수, 서울장신대 겸임교수로 사역 중이다.

저서로 《30분 성경공부시리즈》 《투데이 성경공부시리즈》 《아름다운 십대 성경공부시리즈》 《이야기대화식성경연구》 《성경통독을 위한 11가지 리딩포인트》 《심방설교 이렇게 준비하라》 《예수님은 어떻게 교육했을까?》 《1% 가능성을 성공으로 바꾼 사람들》 《자녀를 거인으로 우뚝 세우는 침상기도》 《하룻밤에 배우는 쉬운 기도》 《하나님 이것이 궁금해요》 《크리스천이 꼭 알아야 할 100문 100답》 등 100여 권이 있다.

로마서 내 안의 복음 발전소

틴~꿈 십대성경공부 | 신약책 시리즈 2

초판 1쇄 인쇄일 | 2009년 8월 20일
초판 2쇄 발행일 | 2012년 2월 14일

지은이 | 이대희
펴낸이 | 김학룡
펴낸곳 | 엔크리스토
마케팅 | 김민회, 이동석
관리부 | 임월규, 이진규, 박지현, 김호성, 최주회

출판등록 | 2004년 12월 8일
주   소 | 경기도 고양시 일산동구 장항동 585-2
전   화 | (031) 906-9191
팩   스 | 0505-365-9191
이메일 | 9191@korea.com
공급처 | 기독교출판유통

ISBN 978-89-92027-72-4 04230

값 3,000원

- 잘못된 책은 바꾸어 드립니다.
- 이 교재의 사용 방법, 내용, 훈련, 세미나에 대한 문의는 바이블미션(02-403-0196, 016-731-9078)으로 해주시면 최선을 다해 도와드리겠습니다.

엔크리스토 성경공부 양육 교재

투데이 성경공부

평생 성경공부할 수 있도록 구성한 시리즈. 주제별로 구성되어 있어 각 교회의 상황에 맞게 커리큘럼을 재구성하여 사용할 수 있다.

101 신앙기초(전 9권 완간) | 201 예수제자(전 9권 완간) | 301 새생활(전 12권 완간)
601 성경개관(전 10권 완간) | 401 · 501 발간 예정

30분 성경공부

신앙생활의 기초를 다루었으며 신앙의 전체 그림을 그릴 수 있는 2년 과정의 소그룹 성경교재다. 성경공부를 시작할 때 사용하면 효과적이다.

믿음편 | 기초 · 성숙   생활편 | 개인 · 영성 · 교회 · 가정 · 이웃 · 일터 · 사회 · 세계
성경탐구편 | 창조시대 · 족장시대 · 출애굽시대 · 광야시대 · 정복시대/사사시대 · 통일왕국시대 ·
분열왕국시대 · 포로시대/포로귀환시대 · 복음서시대1 · 복음서시대2 · 초대교회시대 · 서신서시대

아름다운 십대 성경공부

십대들이 꼭 알아야 할 성경의 핵심내용과 기독교적 가치관, 세계관을 정립하는 데 필요한 핵심주제를 담고 있으며, 3년 과정으로 구성되었다.

101 자기정체성 · 복음 만남 · 신앙생활 · 멋진 사춘기 · 예수의 사람(전 5권)
201 가치관 · 믿음뼈대 · 십대생활 · 유혹탈출 · 하나님의 사랑(전 5권)
301 비전과 진로 · 신앙원리 · 생활열매 · 인생수업 · 성령의 사람(전 5권)

틴꿈 십대성경공부

성경 전체의 내용을 핵심적으로 구성되었으며, 성경 파노라마를 통해 십대들이 알아야 할 성경의 맥과 개관을 다루고 구약책과 신약책 중에서 십대에 맞는 책을 선택하여 집중적으로 유형별로 균형 있게 공부할 수 있다.

1년차 성경개관 | 성경파노라마 1, 2, 3, 4, 5(전5권)
2년차 구약책 | 창세기 · 에스더 · 다니엘 · 잠언 · 전도서(전5권)
3년차 신약책 | 누가복음 · 로마서 · 사도행전 · 빌립보서 · 요한계시록(전5권)
• 틴~ 꿈 새가족 양육교재

엔크리스토 성경공부 양육 교재

책별 66권 성경공부

성경 전체 66권을 각 권별로 자유롭게 선택하여 사용할 수 있는 성경공부.
성경 전체를 체계적으로 연구할 수 있다.

창세기 1 · 2 · 3 · 4, 느헤미야, 요한복음 1 · 2, 로마서, 에스더, 다니엘, 사도행전 1 · 2 · 3
(계속 발간됩니다)

엔크리스토 제자양육성경공부

한 사람을 온전한 제자로 만드는 과정으로 7단계로 구성되었있다. 전도(복음소개)와
양육(일대일 양육, 이야기대화식 성경공부)과 영성(영성훈련)의 3차원을 통전적으로
연결되어 있으며 제자훈련 과정으로 적합하다.

복음소개 · 일대일 양육 · 새로운 사람 · 성장하는 사람
변화된 사람 · 영향력 있는 사람 · 영성훈련(전7권)

인도자를 위한 지침서

- 인도자 지침서(십대 성경공부 101 · 201 · 301시리즈) l 이대희 지음 l 각 10,000원
- 인도자 지침서(틴꿈 십대성경공부) l 이대희 지음 l 10,000원
- 인도자 지침서(엔크리스토 제자양육성경공부) l 이대희 지음 l 10,000원
- 인도자 지침서(30분 성경공부 믿음편 기초, 성숙 l 생활편 개인, 교회)
  l 이대희 지음 l 10,000원

성경공부에 필요한 참고 서적

- 이야기 대화식 성경연구 l 이대희 지음 l 10,000원
- 크리스천이 꼭 알아야할 100문 100답 l 이대희 지음 l 10,000원
- 꿈을 이루는 10대 크리스천을 위한 52가지 l 이대희 지음 l 10,000원

특 징

성경 66권을 쉽고 재미있게, 깊이 있게 배우면서 한국적 토양에 맞는 현장과 삶에 적용하는 한국적 성경전문학교

모집과정(반별로 2시간씩이며 선택 수강 가능)

● 성경주제반: 성경의 중요한 핵심 주제를 소그룹의 토의와 질문을 통하여 배운다.(투데이성경공부/30분성경공부)
● 성경개관반: 66권의 성경 전체의 맥과 흐름을 일관성 있게 잡아준다.(잘 정리된 그림과 도표와 본문 사용)
● 성경책별반: 66권의 책을 구약과 신약 한 권씩 선정하여 워크숍 중심으로 학기마다 연구한다.(3년 과정)

모집대상

목회자반/ 신학생반/ 평신도반(교사, 부모, 소그룹 양육리더, 구역장, 중직)

시 간

월요일(오전 10시 30분~오후 5시 30분/ 개관반 · 책별반 · 주제반)

수업학제

겨울학기 : 12~2월 | 봄학기 : 3~6월 | 여름학기 : 6~8월 | 가을학기 9~11월
(자세한 내용은 홈페이지 참조 요망. 학기마다 사정에 따라 일자가 변경될 수 있음)

수업의 특징

● 이야기대화식 성경연구방법으로 12주(3개월 과정) 진행
● 전달이나 주입식이 아닌 성경 보는 눈을 열어주고 경험하게 하면서 성경의 보화를 스스로 캐는 능력을 터득하게 하는 방법을 지향하며 소그룹 워크숍 형태로 진행

강사 : 이대희 목사와 현직 성서학 교수와 현장 성경전문 강사

장소 : 바이블미션
서울시 송파구 가락동 96-5(지하철 8호선 가락시장역)

신청 : 개강 1주일 전까지 선착순 접수(담당 : 채금령 연구간사)

문의 : 바이블미션–엔크리스토 성경대학(016-731-9078, 02-403-0196)
(홈페이지 www.bible91.org)